Vater und Sohn Band 1
Bildgeschichten für den Konversations- und Aufsatzunterricht

Vater und Sohn

von E. O. Plauen

Band 1

**Bildgeschichten
für den Konversations- und
Aufsatzunterricht**

ausgewählt und mit dem
notwendigen Sprachmaterial versehen
von Franz Eppert

Max Hueber Verlag

8. 7.	Die letzten Ziffern
1994 93 92 91	bezeichnen Zahl und Jahr des Druckes.

Alle Drucke dieser Auflage können, da unverändert, nebeneinander benutzt werden.
4. Auflage 1977

Der Nachdruck der in diesem Heft verwendeten Bildgeschichten „Vater und Sohn" erfolgte mit Genehmigung der Gesellschaft für Verlagswerte GmbH · Kreuzlingen, aus dem Zeichenwerk e. o. plauen: Vater und Sohn, Band 1

Druck: Verlagsdruckerei E. Rieder, Schrobenhausen
Printed in Germany
ISBN 3-19-001143-5

Vorwort

Die methodische Brauchbarkeit von Bildgeschichten im muttersprachlichen wie im fremdsprachlichen Unterricht ist unbestritten, ihre praktische Anwendung jedoch weitgehend von der Initiative des jeweiligen Lehrers abhängig, der sich der Mühe unterzieht, die technischen Unterrichtsmittel zielbewußt einzusetzen. Nun ergibt sich zwangsläufig eine methodische Lücke, wenn das Lehrziel nicht im Unterricht selbst erreicht werden kann, sondern auf die Integration häuslicher Mitarbeit der Kursteilnehmer in den Lernprozeß angewiesen ist. Und das ist jedesmal dann der Fall, wenn dem Unterrichtenden eine nicht genügende Unterrichtszeit zur Verfügung steht. Kurz gesagt, methodische Schlußfolgerungen aus einem Unterrichtsprogramm mit mehreren Stunden täglich sind nicht ohne weiteres auf die leider doch wohl immer noch überwiegenden Programme von drei bis fünf Wochenstunden übertragbar. Mit der Einbeziehung der häuslichen Arbeit bei der Behandlung von Bildgeschichten verfällt der Unterrichtende in der Regel dem methodischen Fehler, den man besonders der Praxis des Nacherzählungsunterrichts nachsagt, insofern vom Kursteilnehmer ungerechtfertigterweise Gedächtnisleistungen verlangt werden, die mit keiner noch so intelligenten methodischen Dialektik in Sprachleistungen zu verwandeln sind. Handelt es sich bei der Nacherzählung um eine Überforderung der Merkfähigkeit des Kursteilnehmers — erschwert noch durch das vorausgehende Hörverständnis —, so bei häuslichen Aufgaben zu Bildgeschichten um eine Überforderung des visuellen Erinnerungsvermögens. Dies nun vermag das vorliegende Büchlein auszugleichen, da es dem Lernenden die optische Vorlage in die Hand und nach Hause mitgibt, auf das Hörverständnis nicht angewiesen ist und somit die Akkumulation von Schwierigkeiten besonders für den Anfängerunterricht wohltuend reduziert. Im Gegensatz zum außersprachlichen Problem der inhaltlichen wie optischen Merkfähigkeit haben nun Bildgeschichte und Nacherzählung etwas gemeinsam, was als ihr eigentliches Problem zu bezeichnen ist: Allzu willig hat man früher übersehen, daß die einfachste fixierte Textvorlage — wie das syntaktisch und semantisch erforderliche Sprachmaterial der Bildvorlage — doch ziemlich komplexe sprachliche Strukturen aufweist, die das Sprachvermögen des Anfängers übersteigen, nicht so sehr sein Verständnis als vielmehr sein mündliches und schriftliches Ausdrucksvermögen.

Ein kurze Besinnung auf die Folgerungen aus diesem methodischen Problem der Bildgeschichte mag hinführen zu den praktischen Vorschlägen in der Handhabung des vorliegenden Büchleins.

Im Fremdsprachenunterricht dienen Bildgeschichten als Grundlage für Schüleraussagen. Die optisch erfahrene Begebenheit muß sprachlich bewältigt werden. Voraussetzung dazu sind die lexikalische Information und die Beherrschung der erforderlichen Strukturen. Im muttersprachlichen Unterricht sind diese Voraussetzungen immer schon gegeben und das Wie der sprachlichen Bewältigung, d. h. die Entwicklung von sprachlichen Gestaltungskräften, steht im Vordergrund. Das muttersprachliche Minimum ist aber das Ziel des Fremdsprachenunterrichts, und nur gründliche Vorarbeit gewährleistet Erfolge. Die unterrichtliche Beschäftigung mit der Bildgeschichte hat daher zu beginnen mit einer einübenden Einführung des Wortmaterials, einer gelenkten Konversation anhand der Bildgeschichte. In diese Konversation müssen jedoch die syntaktisch notwendigen Erscheinungen integriert werden, in der Art, daß schon bekannte Strukturen aktiviert, neue jedoch auf dem Weg der pattern practice zu Fertigkeiten entwickelt werden. Dadurch, daß die mündliche Übung im Vordergrund steht, d. h. durch den lebendigen Gebrauch der Sprache, wird der Kursteilnehmer in dem syntaktischen und semantischen Bereich dieser Bildgeschichte heimisch; die schriftliche Arbeit ist schließlich das Resultat einer gezielten Erweiterung des Ausdrucksvermögens.

Das vorliegende Büchlein mit 20 Bildgeschichten von E. O. Plauen informiert den Unterrichtenden über das jeweilig erforderliche Minimum der Formen- und Satzlehre und bietet ihm einen begrenzten Fragenkatalog als Lehrhilfe, der sich außerdem als vorbereitende Hausaufgabe eignet. Das Wortmaterial neben der Bildgeschichte befreit den Unterrichtenden von überflüssiger Wortschatzerklärung und den Kursteilnehmer von der mühseligen Wörterbucharbeit. Da das Blatt mit dem Wortmaterial unbedenklich Teilstrukturen oder gar ganze Wendungen einbezieht, bekommt die Seite mehr den Charakter eines Arbeitsblattes, brauchbar für den Klassenunterricht und als Stütze bei der häuslichen Niederschrift der Bildgeschichte. Das sprachliche Material des Arbeitsblattes korrespondiert nicht nur mit der Bildvorlage, sondern ist bewußt mit dem Fragenkatalog gekoppelt, damit eine straffe Unterrichtsführung möglich und die einwandfreie schriftliche oder mündliche Wiedergabe der Bildgeschichte erreichbares Ziel wird.

Franz Eppert

Inhaltsverzeichnis mit Index zur Formen- und Satzlehre

Der Gute

1

das Ufer, –	
der Fluß, ¨sse	
stehen (steht, stand, gestanden)	am Ufer eines Flusses stehen *dabei*stehen – Der Vater steht dabei.
der Stein, –e	
das Wasser	
werfen A (wirft, warf, geworfen)	Steine ins Wasser werfen
schleudern A	Steine ins Wasser schleudern
eifrig	eifrig dabei sein, etwas zu tun
der Schwung, ¨e	etwas mit Schwung werfen
der Boden, ¨	
liegen (liegt, lag, gelegen)	auf dem Boden liegen

2

auch	Peter ist fleißig. Paul ist auch fleißig.
die Freude, –n	Freude haben an D
sich freuen	Das Kind hat Freude an der Arbeit, am Spiel. Der Sohn freut sich.
klatschen	
die Hand, ¨e	vor Freude in die Hände klatschen
weit	weit werfen – weiter werfen

3

die Zeit, –en	nach einiger Zeit
finden A (findet, fand, gefunden)	Geld finden
noch – nicht mehr	Studiert der Lehrer noch? — Nein, der Lehrer studiert nicht mehr.
noch – kein(e) mehr	Hat der Lehrer noch Geld? — Nein, der Lehrer hat kein Geld mehr.
schließlich	Zuerst kommt der Frühling, dann der Sommer, dann der Herbst und schließlich der Winter.
suchen A	Steine suchen suchen nach D – nach Steinen suchen
vergeblich	vergeblich nach etwas suchen

4

der Abend, –e	am Abend
werden (wird, wurde, ist geworden)	Es wird Abend.
die Sonne, –n	
gehen (geht, ging, ist gegangen)	*unter*gehen – Die Sonne geht unter.
das Meer, –e	
sinken (sinkt, sank, ist gesunken)	versinken – im Meer versinken
das Haus, ¨er	
gehen (geht, ging, ist gegangen)	nach Hause gehen, *heim*kehren

5

der Mond, –e	der Vollmond, die Mondsichel
der Himmel, –	Der Mond steht am Himmel.
die Nacht, ¨e	in der Nacht
die Schubkarre, –n	eine Schubkarre voll Steine
bringen D A (bringt, brachte, gebracht)	die Steine zum Fluß bringen
die Arbeit, –en	Die Arbeit ist schwer.
schwer = anstrengend	Die Arbeit ist anstrengend.
schwitzen – der Schweiß	Der Vater schwitzt.
die Stirn, –en	Der Schweiß tropft dem Vater von der Stirn.
tropfen	

6

der Morgen, –	am nächsten Morgen
gehen (geht, ging, ist gegangen)	
wieder	Heute ist Unterricht, und morgen ist wieder Unterricht. wieder zum Fluß gehen
der Haufen, –	ein Haufen Steine
sehen A (sieht, sah, gesehen)	einen Haufen Steine sehen
überrascht sein	Der Lehrer sagt: »Jetzt schreiben wir ein Diktat!« Die Schüler sind überrascht, aber nicht glücklich.
glücklich sein	

Schade!

1

das Boot, –e	
sitzen (sitzt, saß, gesessen)	in einem Boot sitzen
der Nachmittag, –e	an einem Spätnachmittag
der Kaffee	
trinken (trinkt, trank, getrunken)	Kaffee trinken
die Sonne, -n	
stehen (steht, stand, gestanden)	Die Sonne steht am Himmel.
strahlen	Die Sonne strahlt; man sieht die Sonnenstrahlen.
ruhig	Es ist ruhig, d. h. man hört nichts.
der See, –n	
liegen (liegt, lag, gelegen)	Ruhig liegt der See.
plötzlich	Es ist ruhig, man hört nichts: Plötzlich klingelt das Telefon.
tauchen	*auf*tauchen *unter*tauchen
das Mädchen, –	Ein Mädchen taucht auf.
erstaunt sein	Mein Freund sagt nicht: »Guten Tag!« Ich bin erstaunt. Was hat er nur?

2

die Tasse, –n	
gießen (gießt, goß, gegossen)	*ein*gießen D A Er gießt ihr eine Tasse Kaffee ein.
der Vater, ⸚	
stehen (steht, stand, gestanden)	*auf*stehen
*ein*laden (lädt . . . ein, lud . . . ein, eingeladen)	*ein*laden A in A Er lädt sie in das Boot ein. *ein*laden A, in A + Infinitiv
kommen (kommt, kam, ist gekommen)	Er lädt sie ein, ins Boot zu kommen.
steigen (steigt, stieg, ist gestiegen)	Er lädt sie ein, ins Boot zu steigen.
freundlich	
froh	froh sein über A
der Besuch, –e	über den Besuch froh sein

3

aber	Peter ist fleißig, aber Paul ist faul.
traurig	
werden (wird, wurde, ist geworden)	5 Uhr: es ist hell zwischen 6 und 8 Uhr: es wird dunkel 10 Uhr: es ist dunkel traurig werden
der Fisch, –e	
der Schwanz, ⸚e	der Fischschwanz, ⸚e
zeigen D A	einem etwas zeigen zeigen auf A Der Lehrer zeigt auf die Tafel.
die Nixe, –n	
nicht – sondern	Berlin liegt nicht in Amerika, sondern in Deutschland.
kein(e) – sondern	Berlin ist kein Kontinent, sondern eine Stadt.

4

	*unter*tauchen
die Sonne, –n	Die Sonne geht unter.
nur noch	Er hat 10 Mark. Dann kauft er ein Buch. Das Buch kostet 8 Mark. Jetzt hat er nur noch 2 Mark.
sehen A (sieht, sah, gesehen)	
der Kreis, –e	
das Wasser	Kreise auf dem Wasser
weinen	einem *nach*weinen
die Träne, –n	
fallen (fällt, fiel, ist gefallen)	ins Wasser fallen

Jagdeifer und Reue

1

die Jagd, –en	
gehen (geht, ging, ist gegangen)	auf die Jagd gehen auf der Jagd sein
der Baum, ¨–e	
stehen (steht, stand, gestanden)	
hinter	hinter einem Baum stehen
sehen A (sieht, sah, gesehen)	
der Hase, –n	einen Hasen sehen
die Wiese, –n	
sitzen (sitzt, saß, gesessen)	auf der Wiese sitzen
die Hand, ¨–e	
das Gewehr, –e	
tragen A (trägt, trug, getragen)	ein Gewehr in der Hand tragen
winken D	Er winkt seiner Freundin zum Abschied mit dem Taschentuch.
*zu*winken D	einem *zu*winken Er winkt ihm zu.
zu sich winken A	einen zu sich winken Er winkt ihn zu sich.
begeistert	Deutschland gewinnt viele Goldmedaillen bei den Olympischen Spielen. Ich bin begeistert, d. h. ich freue mich sehr.
die Sache, –n	begeistert bei der Sache sein
das Fieber	
packen	vom Jagdfieber gepackt sein

2

das Knie, –	
knien	*nieder*knien
legen	*an*legen A Er legt das Gewehr an.
zielen	
drücken	*ab*drücken
treffen A (trifft, traf, getroffen)	den Hasen treffen
stehen (steht, stand, gestanden)	*dabei*stehen
sehen *st.*	*zu*sehen

3

gehen *st.*	*hin*gehen zu
sehen *st.* A	Ich sehe das Haus.
sehen *st.* A + Infinitiv	Ich sehe den Vater im Garten arbeiten
liegen (liegt, lag, gelegen)	
tot ←→ lebendig	
das Blut	die Blutlache, —n tot in einer Blutlache liegen
glücklich sein	über etwas glücklich sein
der Erfolg, –e	

4

weinen ←→ lachen	weinen: Das Kind weint. weinend: Das Kind spielt weinend im Zimmer.
der Löffel, –	Ein Hase hat keine Ohren, sondern Löffel.
tragen A (trägt, trug, getragen)	an den Löffeln tragen
nehmen A (nimmt, nahm, genommen)	*mit*nehmen A

Das Geschenk

1

der Sessel, –	
sitzen (sitzt, saß, gesessen)	im Sessel sitzen
die Pfeife, –n	
rauchen	Pfeife rauchen
laufen (läuft, lief, ist gelaufen)	
kommen (kommt, kam, ist gekommen)	Er kommt gelaufen.
die Figur, –en	
halten (hält, hielt, gehalten)	eine Figur in den Händen halten
der Speer, –e	
werfen (wirft, warf, geworfen)	der Speerwerfer, —
schenken D A	einem etwas schenken
das Geschenk, –e	einem ein Geschenk machen

2

stolpern	
der Boden, ¨–	
fallen (fällt, fiel, ist gefallen)	auf den Boden fallen
springen (springt, sprang, ist gesprungen)	Peter springt sechs Meter weit.
zerspringen *st.*	Glas fällt auf den Boden: Es zerspringt.
das Stück, –e	in tausend Stücke
der Schreck, –en	vor Schreck
der Mund, ¨–er	aus dem Mund

3

die Träne, –n	
bitter	
weinen	bittere Tränen weinen
trösten A	Er tröstet ihn.
die Scherbe, –n	Eine Tasse fällt, sie zerspringt; die Scherben liegen auf dem Boden.
*hin*fallen	Er fällt hin.

4

stehen (steht, stand, gestanden)	*auf*stehen
sich bücken	sich bücken nach D
nehmen A (nimmt, nahm, genommen)	

5

die Schraube, –n	
schrauben	etwas *auf*schrauben
reinigen	etwas rein, sauber machen der Pfeifenreiniger, —
benutzen A	Ich habe ein Auto. Ich benutze es, d. h. ich fahre damit. etwas als etwas benutzen den Speer als Peifenreiniger benutzen

6

danach	Von 4 bis 5 Uhr arbeite ich, danach gehe ich spazieren.
schrauben	etwas wieder *zusammen*schrauben
die Kraft, ¨–e – kräftig	
ziehen (zieht, zog, gezogen)	kräftig ziehen
noch – kein mehr	Hast du noch Geld? – Nein, ich habe kein Geld mehr.
noch – nicht mehr	Arbeitest du heute abend noch? – Nein, heute abend nicht mehr.

7

brennen	Die Pfeife brennt wieder.
lachen – lächeln	unter Tränen lächeln
zeigen A	Der Lehrer zeigt das Buch.
zeigen auf A	Der Lehrer zeigt auf die Tafel.

8

froh	
nehmen *st.*	
der Arm, –e	einen in die Arme nehmen

Erfolglose Anbiederung

1

das Ufer, –	
stehen (steht, stand, gestanden)	am Ufer stehen
werfen A (wirft, warf, geworfen)	etwas ins Wasser werfen
der Spazierstock, ¨e	
das Wasser	
der Hund, –e	
holen A	etwas *zurück*holen ein Mensch holt etwas ein Hund apportiert etwas
stehen *st.*	*dabei*stehen *st.*
die Hand, ¨e	
der Mantel, ¨	
die Tasche, –n	die Hände in den Manteltaschen haben

2

kommen (kommt, kam, ist gekommen)	*zurück*kommen *st.*
die Schnauze, –n	
halten A (hält, hielt, gehalten)	etwas in der Schnauze halten
gefallen D (gefällt, gefiel, gefallen)	Das Mädchen gefällt mir.
das Spiel, –e	
die Zeit, –en	in der Zwischenzeit = inzwischen
kommen *st.*	*hinzu*kommen

3

nehmen A (nimmt, nahm, genommen)	
zeigen A	zeigen auf A

4

siehe Bild 1	
auch	Er hat ein Auto, ich habe auch ein Auto.
der Schwung, ¨e	mit Schwung
sollen	

5

aber	
drehen	sich *um*drehen
das Wort, ¨er	wortlos = ohne etwas zu sagen
gehen (geht, ging, ist gegangen)	*davon*gehen
schwimmen (schwimmt, schwamm, geschwommen)	auf dem Wasser schwimmen

6

selbst	Niemand macht meine Arbeit. Ich muß sie also selbst machen.
ziehen (zieht, zog, gezogen)	sich *an*ziehen sich *aus*ziehen
holen A	
der Hut, ¨e	
der Schuh, –e	
die Hose, –n	
der Hosenträger, –	
der Schlips, –e	
die Jacke, –n	

Der gelöschte Vater

1

kommen (kommt, kam, ist gekommen)	
das Haus, ¨er	nach Hause kommen
die Schule, –n	aus der Schule kommen
sehen A (sieht, sah, gesehen)	sehen A + Infinitiv Ich sehe meinen Vater im Garten arbeiten.
der Rauch	
die Wolke, –n	die Rauchwolke, —n
quellen (quillt, quoll, ist gequollen)	
das Fenster, –	aus dem Fenster
erschrecken (erschrickt, erschrak, erschrocken)	Er ist erschrocken.
der Schreck, –en	einen Schreck bekommen
der Rücken, –	
der Ranzen, –	
tragen (trägt, trug, getragen)	etwas auf dem Rücken tragen

2

sofort	
laufen (läuft, lief, ist gelaufen)	*los*laufen, um . . . zu + Infinitiv
holen	Er läuft los, um etwas zu holen.

3

die Zeit, –en	nach kurzer Zeit
wieder	Heute geht er ins Kino, und morgen geht er wieder.
da	Ist Peter da? – Nein, er ist bei seinem Freund.
tragen A (trägt, trug, getragen)	
der Eimer, –	einen Eimer Wasser
kommen *st.*	*zurück*kommen mit
schütten A	etwas durch das Fenster ins Zimmer schütten
wollen	
das Feuer, –	
löschen	das Feuer löschen

4

kommen *st.*	ans Fenster kommen
naß ←→ trocken	
völlig = ganz	völlig durchnäßt sein
die Pfeife, –n	
zeigen A	zeigen auf A
der Finger, –	mit dem Zeigefinger auf etwas zeigen
wütend = sehr böse	
überrascht sein = erstaunt sein	

Die Reißzwecke

1

die Nacht, ¨e	in der Nacht
der Einbrecher, –	
kommen (kommt, kam, ist gekommen)	ins Zimmer kommen
die Sohle, –n	Unter dem Fuß ist die Sohle.
leise	auf leisen Sohlen = ganz leise
öffnen A	
die Tür, –en	Ein Dietrich öffnet alle Türen,
der Dietrich, –e	mit einem Dietrich die Tür öffnen
die Pistole, –n	
halten A (hält, hielt, gehalten)	etwas in der Hand halten
links ←→ rechts	in der linken/rechten Hand halten
der Mund, ¨er	vor dem Mund
das Tuch, ¨er	
binden (bindet, band, gebunden)	
haben (hat, hatte, gehabt)	etwas *an*haben Ich habe einen Mantel an.
der Schuh, –e	
ziehen A (zieht, zog, gezogen)	*an*ziehen *aus*ziehen
wach	wach werden, müde werden
werden (wird, wurde, ist geworden)	ich bin wach, ich werde müde

2

ziehen *st.*	seine Pistole ziehen
schießen (schießt, schoß, geschossen)	schießen nach D
der Schuß, ¨sse	
wechseln	der Schußwechsel, –
finden (findet, fand, gefunden)	*statt*finden – Das Fußballspiel findet Samstag statt.
der Schutz	
suchen	Schutz suchen hinter D
die Deckung	
nehmen (nimmt, nahm, genommen)	Deckung nehmen hinter D
die Kugel, –n	
fliegen (fliegt, flog, ist geflogen)	Die Kugeln fliegen nur so durch die Luft.
die Luft, ¨e	

3

der Kampf, ¨e	während des Kampfes
die Reißzwecke, –n	
werfen A (wirft, warf, geworfen)	etwas auf den Boden werfen

4

fliehen (flieht, floh, ist geflohen)	
verfolgen A	
die Verfolgung, –en	bei der Verfolgung

5

treten (tritt, trat, getreten)	in etwas treten

6

der Schmerz, –en	vor Schmerz
schreien	*auf*schreien
lassen (läßt, ließ, gelassen)	etwas fallen lassen
fallen (fällt, fiel, gefallen)	Ich lasse die Tasse fallen.

7

liegen (liegt, lag, gelegen)	auf dem Boden liegen
legen	sich auf den Boden legen
halten A st	etwas *fest*halten
eilen	*herbei*eilen

8

fesseln A	
die Schleife, –n	
binden (bindet, band, gebunden)	eine Schleife binden
zufrieden	

Lehre von der Hilfsbereitschaft

1

gehen (geht, ging, ist gegangen)	*spazieren*gehen
sehen A (sieht, sah, gesehen)	sehen A + Infinitiv Ich sehe das Kind spielen.
der Mann, ⸚er	
die Karre, –n	
ziehen A (zieht, zog, gezogen)	eine Karre ziehen
der Berg, –e	den Berg hinauf
beladen A (belädt, belud, beladen)	schwer beladen ein Wagen ist beladen
zeigen A	zeigen auf A
der Stuhl, ⸚e	
der Schrank, ⸚e	
der Teppich, –e	
die Vase, –n	
helfen D (hilft, half, geholfen)	

2

schieben (schiebt, schob, geschoben)	schieben ←→ ziehen
hinten ←→ vorn	
schauen = sehen *st.*	nach hinten schauen

3

setzen	sich setzen auf A
die Deichsel, –n	
nehmen (nimmt, nahm, genommen)	
das Bein, –e	die Deichsel zwischen die Beine nehmen
die Zigarette, –n	sich eine Zigarette anzünden
etwas merken	Der Vater merkt etwas.
werden (wird, wurde, ist geworden)	
mißtrauisch	mißtrauisch werden

4

gehen *st.*	nach vorn gehen
schleichen	sich nach vorn schleichen, d. h. leise

5

sehen *st.* A	sehen A + Infinitiv
bequem	
sitzen (sitzt, saß, gesessen)	bequem auf dem Wagen sitzen
die Ruhe	sich *aus*ruhen
die Ohrfeige, –n	
geben D A (gibt, gab, gegeben)	einem eine Ohrfeige geben

6

der Schreck, –en	
der Boden, ⸚	vor Schreck auf den Boden rutschen
rutschen	
stehen (steht, stand, gestanden)	*dabei*stehen
staunen	

Schach dem Vater

1

der Tisch, –e	
sitzen (sitzt, saß, gesessen)	am Tisch sitzen
das Schach	
spielen	Schach, Klavier, Fußball spielen
der Stuhl, –̈e	
der Schemel, –	
der Zug, –̈e	Der Zug fährt von Frankfurt nach München.
machen	einen Zug machen, d. h. während des Schachspieles eine Figur setzen. einen guten Zug machen
lehnen	sich *zurück*lehnen
zufrieden	selbstzufrieden, d. h. zufrieden mit sich selbst
lächeln	
denken (denkt, dachte, gedacht)	*nach*denken
brechen A (bricht, brach, gebrochen)	sich den Kopf zerbrechen = angestrengt *nach*denken

2

das Pferd, –e	ein Pferdchen setzen = einen Zug (mit einem Pferdchen) machen
das Pferdchen, – oder:	
der Springer, –	
die Idee, –n	eine Idee haben eine gute Idee haben
sich *auf*richten	
erstaunt	
das Auge, –n	
die Braue, –n	
ziehen A (zieht, zog, gezogen)	die Augenbrauen *hoch*ziehen
reagieren	reagieren auf A
warten	Peter wartete drei Stunden, aber seine Freundin kam nicht.
erwarten A	Er erwartete seine Freundin.
etwas nicht erwartet haben	Sie kam nicht. Das hatte er nicht erwartet.

3

sich ändern	Jetzt ist er fleißig, früher war er faul. Er hat sich geändert.
die Situation, –en	
beugen	sich nach vorn beugen
die Schwierigkeit, –en	Schwierigkeiten haben

4

die Seite, –n	
schauen = sehen *st.*	zur Seite schauen
zeigen	sich uninteressiert zeigen
sich langweilen	
das Problem, –e	ein Problem haben
lösen	das Problem lösen
endlich = schließlich	

5

der Kopf, –̈e	
die Hand, –̈e	
stützen A	den Kopf in die Hände gestützt
der Triumph, –e	
triumphieren	triumphierend
das Schach	
*matt*setzen A	einen schachmatt setzen

6

gewinnen (gewinnt, gewann, gewonnen)	
die Niederlage, –n	
reagieren	reagieren auf etwas
das Knie, –	
legen	einen übers Knie legen
siegen	
verlieren (verliert, verlor, verloren)	Verlierer sein Er ist ein guter Verlierer.

Vater hat geholfen

1

sitzen (sitzt, saß, gesessen)	
der Tisch, –e	am Tisch sitzen
die Hausaufgabe, –n	Hausaufgaben machen
halten (hält, hielt, gehalten)	
die Hand, ⸚e	etwas in der Hand halten
der Federhalter, –	
stehen (steht, stand, gestanden)	
die Tinte, –n	
das Faß, ⸚sser	
das Tintenfaß, ⸚sser	
denken (denkt, dachte, gedacht)	*nach*denken
sehen A (sieht, sah, gesehen)	Ich sehe ein Auto.
sehen + Infinitiv	Ich sehe den Vater arbeiten.
sehen, daß ...	Ich sehe, daß du fleißig bist.
etwas sehen an D	Er ist arm. Man sieht es an seinem Anzug.
etwas daran sehen, daß ...	Man sieht es daran, daß sein Anzug sehr alt ist.
*an*sehen A	Ich sehe meine Freundin an.
die Schwierigkeit, –en	Schwierigkeiten haben

2

helfen D (hilft, half, geholfen)	Der Lehrer hilft dem Schüler.
helfen D bei	
die Arbeit, –en	Ich helfe dir bei der Arbeit.
glauben D	Ich glaube dir.
glauben, daß ...	Ich glaube, daß Peter schon weg ist.
glücklich sein	über etwas glücklich sein glücklich sein darüber, daß ... Ich bin glücklich darüber, daß du mich besuchst.
das Knie, –	beim Vater auf dem Knie sitzen

3

die Schule, –n	in der Schule sein
die Klasse, –n	in der Klasse sitzen *st.*
der Lehrer, –	
das Heft, –e	
kontrollieren A	
merken	etwas merken Meine Tochter hat eine Bitte. Ich merke das sofort.
merken, daß ...	Ich merke, daß meine Tochter eine Bitte hat.
allein — zusammen	etwas allein machen etwas allein gemacht haben

4

der Unterricht	nach dem Unterricht
das Haus, ⸚er	nach Haus
begleiten A	

5

stehen (steht, stand, gestanden)	vor der Haustür stehen
klingeln	
öffnen A	die Tür öffnen
erstaunt sein	erstaunt darüber sein, daß ...

6

legen A	einen über den Tisch legen
schlagen A (schlägt, schlug, geschlagen)	Der Vater schlägt das Kind. besser: einem eine Tracht Prügel verabreichen
die Strafe, –n	
verdienen A	eine Strafe verdienen
bekommen A (bekommt, bekam, bekommen)	eine Strafe bekommen eine Strafe bekommen für A eine Strafe dafür bekommen, daß ...
bestrafen A	Der Vater bestraft den Sohn.
bestrafen A für	Der Vater bestraft den Sohn für seine Lüge.
bestrafen A dafür, daß ...	Der Vater bestraft den Sohn dafür, daß er gelogen hat.
richtig sein	es ist richtig, daß ...

Zurück zur Natur

1

das Ufer, –	
der Fluß, ¨–sse	am Ufer eines Flusses
der Fisch, –e	
fangen A (fängt, fing, gefangen)	Fische fangen
das Netz, –e	
der Spaß, ¨–e	Spaß haben an D Sie haben viel Spaß daran.
das Gesicht, –er	
lachen	mit lachendem Gesicht
sehen A (sieht, sah, gesehen)	einem *zu*sehen Er sieht ihm zu. einem zusehen, wie . . . Er sieht ihm zu, wie er arbeitet.

2

das Haus, ¨–er	
gehen (geht, ging, ist gegangen)	nach Hause gehen
stolz	
zufrieden	
die Hand, ¨–e	
links	in der linken Hand
rechts	in der rechten Hand
tragen A (trägt, trug, getragen)	
halten (hält, hielt, gehalten)	etwas *fest*halten etwas mit beiden Händen fest-halten
der Eimer, –	
sehen *st.*	in etwas sehen

3

töten A	einen Menschen, eine Maus, eine Fliege töten
schlachten A	eine Kuh, ein Schwein schlachten (Man kann das Fleisch essen)
der Tisch, –e	
stehen (steht, stand, gestanden)	hinter dem Tisch stehen
liegen (liegt, lag, gelegen)	auf dem Tisch liegen
schon – noch nicht	Ist Peter schon zurück? Nein, noch nicht.
tot ⟷ lebendig	
weinen	
das Mitleid	Mitleid haben mit

4

bringen (bringt, brachte, gebracht)	etwas *zurück*bringen zum Fluß
der Fluß, ¨–sse	

5

die Freiheit	
geben D A (gibt, gab, gegeben)	*wieder*geben D A einem die Freiheit wiedergeben
werfen A (wirft, warf, geworfen)	etwas ins Wasser werfen
schütten A	etwas ins Wasser schütten
sich freuen	Alle drei freuen sich.

6

geschehen (geschieht, geschah, ist geschehen)	Etwas Schreckliches geschieht.
groß ⟷ klein	der große Fisch – ein großer Fisch der kleine Fisch – ein kleiner Fisch
das Auge, –n	mit weit aufgerissenen Augen
sehen st	sehen, wie . . .
fressen A (frißt, fraß, gefressen)	
verschlingen A (verschlingt, verschlang, verschlungen)	
warten	Peter wartete drei Stunden.
warten auf A	Er wartete auf seine Freundin.
erwarten A	Er erwartete sie.
etwas nicht erwartet haben	Sie kam aber nicht. Das hatte er nicht erwartet.
denken (denkt, dachte, gedacht)	Ein Philosoph denkt viel.
denken an A	Peter denkt an seine Freundin.
denken daran, daß . . .	Sie hatten nicht daran gedacht, daß große Fische kleine Fische fressen.

Mißglückte Herausforderung

1

der Sessel, –	
sitzen (sitzt, saß, gesessen)	im Sessel sitzen
die Zeitung, –en	
lesen (liest, las, gelesen)	Zeitung lesen
hinter	
der Boden, –̈	auf dem Boden sitzen
sehen A (sieht, sah, gesehen)	sehen, wie . . . Ich sehe, wie das Auto gegen den Baum fährt.
die Pfeife, –n	
anzünden	sich eine Pfeife anzünden

2

stellen	sich neben etwas stellen
die Herausforderung, –en	
herausfordern A	einen zum Kampf herausfordern herausfordernd
rauchen	Pfeife rauchen
reagieren	reagieren auf A
lesen *st.*	*weiter*lesen
der Erfolg, –e	Erfolg haben Erfolg haben mit

3

vorn	vorn vor
stehen (steht, stand, gestanden)	*da*stehen
der Arm, –e	
verschränken	die Arme verschränken mit verschränkten Armen
rauchen	
kräftig	kräftig *weiter*rauchen
verbergen A (verbirgt, verbarg, verborgen)	sich verbergen sich verbergen hinter D
reagieren	noch immer nicht reagieren Er reagiert immer noch nicht.

4

stellen	
die Seite, –n	sich auf die andere Seite stellen

5

bekommen A (bekommt, bekam, bekommen)	Ich bekam ein Paket von meinen Eltern. etwas bekommt einem (nicht) gut Das Essen ist mir nicht gut bekommen. Ich fühle mich nicht wohl.
werden (wird, wurde, ist geworden)	Es wird mir schlecht (kalt, übel).
das Bein, –e	
drücken	die Beine *zusammen*drücken
lächeln	
wissen (weiß, wußte, gewußt)	genau wissen, was kommt Er weiß genau, was kommt.

6

brennen	die brennende Pfeife
legen	
das Knie, –	auf die Knie des Vaters
halten (hält, hielt, gehalten)	
die Hose, –n	sich die Hose halten
laufen (läuft, lief, ist gelaufen)	
die Toilette, –n	zur Toilette laufen
schauen = sehen	einem *nach*schauen, wie . . .
der Schnauzbart, –̈e	
grinsen	unter seinem Schnauzbart grinsen
sich amüsieren	amüsiert grinsen
das Glück	Glück haben mit einer Sache
glücken D	eine Sache glückt einem
mißglücken D	Der Versuch ist mir mißglückt.

Die gute Gelegenheit

1

das Haus, ¨–er	
der Vater, ¨	
brennen	Es brennt. Es regnet. Es donnert.
die Flamme, –n	
schlagen (schlägt, schlug, geschlagen)	
das Fenster	Die Flammen schlagen schon aus dem Fenster.
versuchen + Infinitiv mit »zu«	versuchen, etwas zu retten
retten	retten, was zu retten ist
die Sicherheit, –en	etwas in Sicherheit bringen
bringen (bringt, brachte, gebracht)	
das Schaukelpferd, –e	
der Fußball, ¨–e	
die Schultasche, –n	
die Pfeife, -n	
der Hut, ¨–e	
denken (denkt, dachte, gedacht)	denken an A Der Schüler dachte zuerst daran, Medizin zu studieren.
die Sache, –n	die Sachen des Vaters, des Sohnes, des einen, des anderen

2

während	
eilen	*zurück*eilen in A
brennen	das brennende Haus
die Zeit, –en	
zwischen	in der Zwischenzeit
öffnen A	
das Diktat, –e	
das Rechenheft, –e	
nehmen (nimmt, nahm, genommen)	*heraus*nehmen aus
schnell ⟷ langsam	

3

kommen (kommt, kam, ist gekommen)	*zurück*kommen herausgelaufen kommen
tragen A (trägt, trug, getragen)	
die Schulter, –n	etwas auf der Schulter tragen
der Arm, –e	etwas unter dem Arm tragen
der Teppich, –e	
das Kissen, –	
sehen A (sieht, sah, gesehen)	sehen, wie ...
das Feuer, –	
werfen A (wirft, warf, geworfen)	etwas ins Feuer werfen
die Gelegenheit, –en	die Gelegenheit beim Schopfe fassen

Schmerzhafte Selbstkritik

1

sitzen (sitzt, saß, gesessen)	
der Sessel, –	im Sessel sitzen
die Zeitung, –en	
lesen (liest, las, gelesen)	Zeitung lesen
der Tisch, –e	
stehen (steht, stand, gestanden)	
die Lokomotive, –n	
das Spielzeug, –e	
die Spielzeuglokomotive, –n	
spielen	mit etwas spielen
sagen	»ja« sagen ←→ »nein« sagen
die Miene, –n	
streng	mit strenger Miene

2

*an*fangen (fängt . . . an, fing . . . an, angefangen)	Der Unterricht fängt an.
anfangen + zu + Infinitiv	Er fängt an zu arbeiten.
weinen ←→ lachen	
bitterlich	bitterlich weinen
geben D A (gibt, gab, gegeben)	
noch ←→ nicht mehr	Ist Peter noch so fleißig wie früher? — Nein, er ist nicht mehr so fleißig.
vorher ←→ nachher	

3

*auf*hören	*an*fangen ←→ aufhören aufhören, etwas zu tun
schluchzen = weinen	
das Herz, –en	
weich ←→ hart	
erweichen = weich machen	herzerweichend schluchzen
die Stimme, –n	
klingen (klingt, klang, geklungen)	
nachgiebig	d. h. er kann nicht immer »nein« sagen
das Zeichen, –	ein Zeichen für A ein Zeichen dafür, daß . . .
der Widerstand, ⸚e	
erlahmen	

4

endlich = schließlich	
*nach*geben *st.*	
reichen D A	einem etwas reichen
die Ruhe	seine Ruhe haben wollen in Ruhe etwas tun
der Wille,	
bekommen A (bekommt, bekam, bekommen)	seinen Willen bekommen

5

der Spiegel, –	
sehen A (sieht, sah, gesehen)	sich im Spiegel besehen
kritisch	
zufrieden ←→ unzufrieden	zufrieden sein mit

6

die Strafe, –n	
strafen A	sich selbst bestrafen
verdienen A	eine Strafe verdienen
konsequent sein	

Im Krieg sind alle Mittel erlaubt

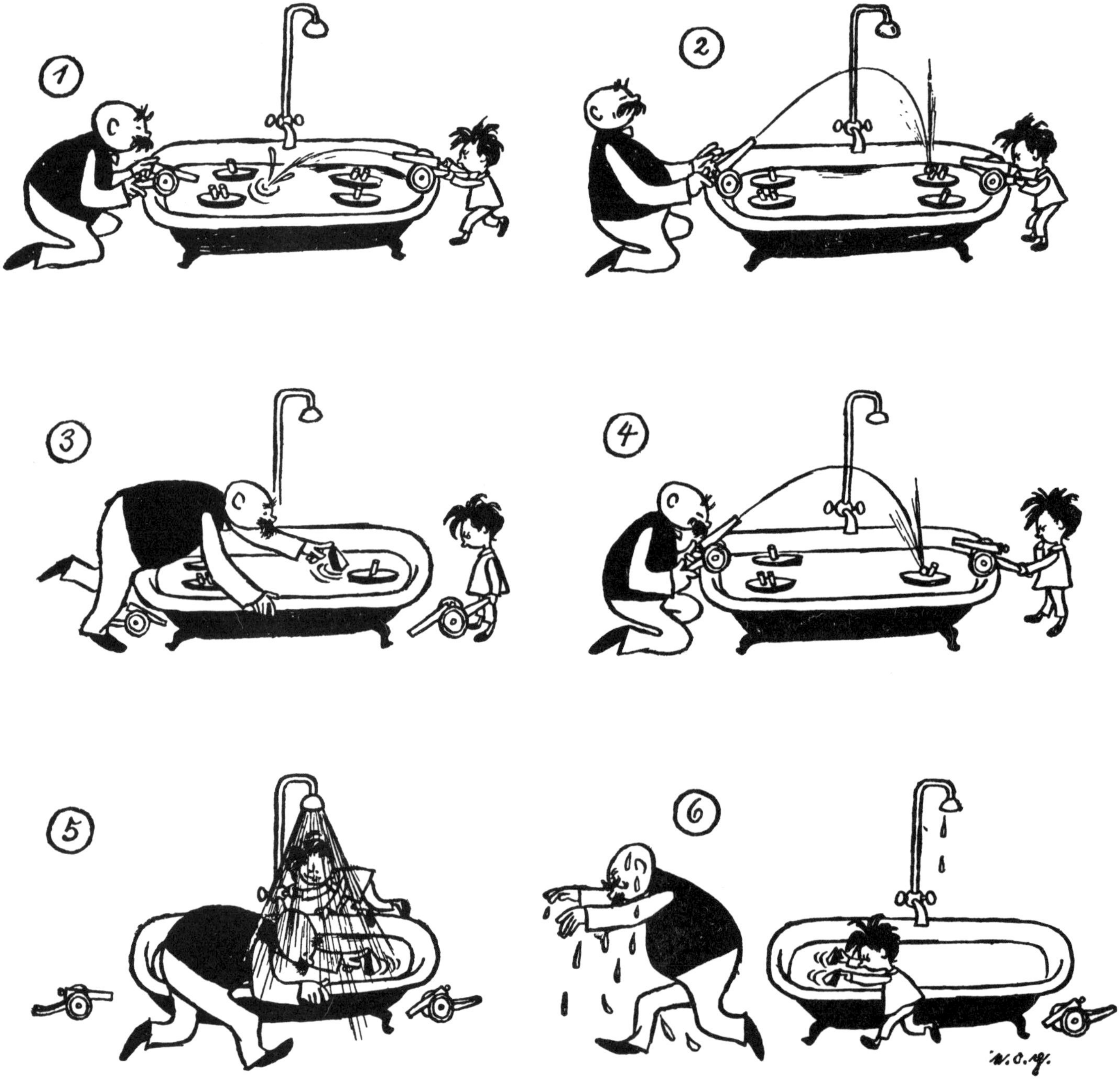

1

der Krieg, –e	
spielen	Krieg spielen
das Schiff, –e	
versenken A	Schiffe versenken
das Badezimmer, –	
die Badewanne, –n	
die Kanone, -n	
schießen (schießt, schoß, geschossen)	mit einer Kanone schießen
versuchen + Infinitiv mit »zu«	versuchen, etwas zu tun
treffen A (trifft, traf, getroffen)	
gelingen D (gelingt, gelang, ist gelungen)	einem gelingt es, etwas zu tun
die Sache, –n	ganz bei der Sache sein
sehen A (sieht, sah, gesehen)	etwas an etwas sehen
das Gesicht, –er	Ich sehe seine Freude an seinem Gesicht.
ernst ⟷ heiter	

2

treffen *st.*	
der Treffer, –	einen Treffer erzielen
	einen Volltreffer erzielen

3

sich beugen	sich über etwas beugen
die Wanne, –n	
drücken	
der Finger, –	
das Wasser	etwas ganz unter Wasser drücken

4

schießen *st.*	ein zweites Mal schießen
siegen ⟷ verlieren *st.*	
siegen ⟷ besiegt sein	
die Rache	auf Rache sinnen = an Rache denken
sinnen (sinnt, sann, gesonnen)	

5

kommen (kommt, kam, ist gekommen)	nach vorn kommen
der Augenblick	in diesem Augenblick
drehen	
die Dusche, –n	die Dusche *an*drehen

6

verlassen A (verläßt, verließ verlassen)	
der Kampfplatz, ⸗e	den Kampfplatz verlassen
ganz naß	völlig durchnäßt
gehen (geht, ging, ist gegangen)	
gehen + Infinitiv	Ich gehe spielen
trocken ⟷ naß	sich *ab*trocknen

Der Schmöker

1

das Essen, –	
fertig	Das Essen ist fertig.
der Tisch, –e	
stehen (steht, stand, gestanden)	Das Essen steht fertig auf dem Tisch.
der Dampf, ⸚e	
dampfen	dampfend
da	Ist Peter da? — Nein, er ist schon weg.
warten	warten auf A
fragen A	fragen A, wo . . .
zeigen A	zeigen auf A
wissen (weiß, wußte, gewußt)	wissen, wo . . .

2

gehen (geht, ging, ist gegangen)	
das Zimmer, –	
holen A ←→ bringen	gehen, um . . . zu + Infinitiv
dort ←→ hier	
sehen A (sieht, sah, gesehen)	sehen + Infinitiv
liegen (liegt, lag, gelegen)	
der Boden, ⸚	
lesen (liest, las, gelesen)	
das Buch, ⸚er	auf dem Boden ein Buch lesen
spannend	Ein guter Kriminalfilm ist spannend.
	im Lesen vertieft sein

3

schicken	
die Küche, –n	einen in die Küche schicken
sich bücken	sich bücken, um . . . zu + Infinitiv
der Blick, –e	
werfen A (wirft, warf, geworfen)	einen Blick auf etwas werfen

4

sitzen (sitzt, saß, gesessen)	am Tisch sitzen
kommen (kommt, kam, ist gekommen)	*zurück*kommen

5

schicken	einen *los*schicken, um . . . zu + Infinitiv
kalt	
werden (wird, wurde, ist geworden)	
mittlerweile = in der Zwischenzeit	
	kalt werden

6

siehe Bild 2	
die Lektüre	in der Lektüre vertieft sein

Vorgetäuschte Kraft

1

der Baum, ¨e pflanzen A	
	gerade dabei sein, etwas zu tun
das Loch, ¨er graben (gräbt, grub, gegraben)	 ein Loch graben
halten (hält, hielt, gehalten) die Hand, ¨e	etwas *fest*halten mit der linken Hand
der Spaten, –	
der Stiel, –e	unten am Stiel
die Erde füllen = voll machen	 ein Loch mit Erde füllen

2

nachdem gehen (geht, ging, ist gegangen) das Haus, ¨er	 *zurück*gehen in A
nehmen A (nimmt, nahm, genommen)	etwas *mit*nehmen

3

kommen (kommt, kam, ist gekommen) sehen A (sieht, sah, gesehen) laufen (läuft, lief, ist gelaufen) *zu*laufen auf A	*zurück*kommen aus dem Haus zurückkommen sehen, wie . . . gelaufen kommen Er läuft auf das Haus zu.
verfolgen A der Kerl, –e riesig = so groß wie ein Riese	verfolgt werden von ein riesiger Kerl
die Faust, ¨e	die Fäuste ballen mit geballten Fäusten
schauen = sehen grimmig = böse	 grimmig *drein*schauen grimmig dreinschauend
das Gesicht, –er	

4

erreichen A	
sich verstecken	sich verstecken hinter D
stehen (steht, stand, gestanden)	Er steht vor dem Baum, den er gerade gepflanzt hat.
die Faust, ¨e heben (hebt, hob, gehoben)	 Ich kann hundert Pfund heben. die Faust erheben = hochheben
die Weste, –n fassen A	 einen an der Weste fassen
schreien (schreit, schrie, geschrien)	einen *an*schreien

5

die Angst, ¨e	(keine) Angst haben
reißen A (reißt, riß, gerissen) der Schwung, ¨e	aus der Erde reißen mit Schwung
entsetzt sein glauben, daß . . . die Kraft, ¨e ungeheuer = sehr groß verfügen	Die Haare stehen ihm zu Berge. Er glaubt, daß der Film gut ist. ungeheure Kräfte verfügen über A
wissen (weiß, wußte, gewußt)	wissen, daß . . . Er weiß, daß der Film gut ist.

6

nehmen A (nimmt, nahm, genommen) reißaus nehmen = fliehen = davonlaufen	
lachen	hinter einem *her*lachen

Ordnung muß sein

1

die Tinte, –n	
das Faß, ⸗sser	ein Tintenfaß
werfen A (wirft, warf, geworfen)	etwas *um*werfen
die Absicht, –en	mit Absicht etwas tun
die Vorsicht	aus Vorsicht
	aus Unvorsichtigkeit
sofort	
der Blitz, –e	wie der Blitz
sausen	Der Wind saust um das Haus.
	wie der Blitz *los*sausen = schnell *weg*laufen
wissen (weiß, wußte, gewußt)	
drohen D	Er droht mir.
	Er weiß, was ihm droht.
laufen (läuft, lief, ist gelaufen)	hinter einem *her*laufen, um ... zu + Infinitiv
die Strafe, –n	
bestrafen A	

2

holen	einen *ein*holen = einen fangen
legen	
das Knie, –	einen übers Knie legen
	einem den Hosenboden stramm ziehen
	einem eine Tracht Prügel verabreichen

3

sehen A (sieht, sah, gesehen)	
der Riß, –sse	
die Hose, –n	ein Riß in der Hose
gar nicht	
erfreut sein	erfreut sein über etwas

4

die Miene, –n	
streng	mit strenger Miene
befehlen D (befiehlt, befahl, befohlen)	einem befehlen, etwas zu tun
bleiben (bleibt, blieb, ist geblieben)	*stehen*bleiben
gehen (geht, ging, ist gegangen)	gehen + Infinitiv
holen A	etwas holen gehen
die Rolle, –n	
das Nähgarn	eine Rolle Nähgarn

5

der Faden, ⸗	einen Faden einfädeln
versuchen A	versuchen, etwas zu tun
gelingen (gelingt, gelang, ist gelungen)	es gelingt einem, etwas zu tun

6

sich bücken	
flicken	die Hose flicken
der Boden, ⸗	
knien	sich auf den Boden knien

7

lehnen	
zufrieden	sich zufrieden *zurück*lehnen
die Schere, –n	
der Faden, ⸗	
schneiden (schneidet, schnitt, geschnitten)	den Faden *ab*schneiden

8

bekommen (bekommt, bekam, bekommen)	seine Strafe bekommen
bestrafen A	einen für etwas bestrafen
	einen dafür bestrafen, daß ...

Der verlorene Sohn

1

der Fußball, ¨e	
spielen	Fußball spielen
das Zimmer, –	
die Fensterscheibe, –n	
brechen (bricht, brach, gebrochen)	etwas zerbrechen
der Zorn	voller Zorn mit erhobenen Fäusten mit grimmigem Gesicht
rennen (rennt, rannte, ist gerannt)	hinter einem *her*rennen, um . . . zu + Infinitiv
bestrafen A	bestrafen A für A einen dafür bestrafen, daß . . .
laufen (läuft, lief, ist gelaufen)	*davon*laufen das Weite suchen
fangen A (fängt, fing, gefangen)	
lassen (läßt, ließ, gelassen)	sich fangen lassen

2

danach	
sich setzen	
das Sofa, –s	sich aufs Sofa setzen, um . . . zu
die Zeitung, –en	
lesen (liest, las, gelesen)	Zeitung lesen
sehen A (sieht, sah, gesehen)	
die Uhr, –en	
ständig = immer	ständig auf die Uhr sehen

3

die Stunde, –n	nach einigen Stunden
*zurück*kehren	
die Ruhe	
ruhig ⟷ unruhig	
werden (wird, wurde, ist geworden)	unruhig werden
laufen *st.*	hin und her laufen
die Furcht	
fürchten A	fürchten, daß . . .
passieren D	Warum ist Peter noch nicht zu Haus? Hoffentlich ist ihm nichts passiert.

4

schließlich	
das Haus, ¨er	
verlassen A (verläßt, verließ, verlassen)	
rufen (ruft, rief, gerufen)	laut rufend rufen nach D
der Hut, ¨e	
die Hand, ¨e	den Hut in der Hand
der Mantel, ¨	mit offenem Mantel
laufen *st.*	
die Straße, –n	durch die Straßen laufen
die Angst, ¨e	Angst haben
stoßen	einem stößt etwas zu = es passiert einem etwas

5

verzweifeln	verzweifelt völlig niedergeschlagen
gerade als . . .	
fliegen (fliegt, flog, ist geflogen)	
kommen (kommt, kam, ist gekommen)	geflogen kommen
die Fensterscheibe, –n	durch die zweite Fensterscheibe
genau	
der Kopf, ¨e	genau gegen seinen Kopf

6

holen A	den Ball holen
wissen (weiß, wußte, gewußt)	nicht wissen, was einem geschieht
die Freude, –n	voller Freude
das Herz, –en	
drücken	an sein Herz drücken
finden A (findet, fand, gefunden)	*wieder*finden A

Der unheimliche Nachbar

1

der Tisch, –e	
das Café, –s	
sitzen (sitzt, saß, gesessen)	an einem Tisch sitzen
die Zeitung, –en	
lesen (liest, las, gelesen)	Zeitung lesen
kommen (kommt, kam, ist gekommen)	
fragen A	fragen, ob . . .
höflich	
der Platz, ⸚e	ein freier Platz
frei	Ist dieser Platz noch frei?

2

bestellen A	sich etwas bestellen
trinken (trinkt, trank, getrunken)	etwas zum Trinken
rauchen	
die Zigarette, –n	eine Zigarette rauchen

3

plötzlich	
sehen A (sieht, sah, gesehen)	sehen, daß . . .
der Bart, ⸚e	der Schnauzbart des Vaters
dicht, dichter, am dichtesten	
werden (wird, wurde, ist geworden)	dichter werden
glauben D	Ich glaube dir.
etwas nicht glauben können	Er kann es nicht glauben.
trauen D	Ich traue dir. Er traut seinen Augen nicht.
starr	
staunen	starr vor Staunen
reagieren	
die Reaktion, –en	reagieren auf A

4

normal	wieder normal werden
ruhig	
beruhigen A	Die Mutter beruhigt das Kind.
beruhigt sein	Das Kind ist beruhigt.
unheimlich	Was man nicht verstehen kann, ist meistens unheimlich. etwas wird einem immer unheimlicher
die Sache, –n	die ganze Sache
die Geschichte, –n	die ganze Geschichte
halten (hält, hielt, gehalten)	sich an etwas *fest*halten

5

das erste Mal	zum ersten Mal
das zweite Mal	zum zweiten Mal
das Grauen	
packen	Kaltes Grauen packt ihn.
das Haar, –e	Die Haare stehen ihm zu Berge.

6

sehen A (sieht, sah, gesehen)	= etwas gewahr werden
das Entsetzen	voller Entsetzen
springen (springt, sprang, ist gesprungen)	*auf*springen
schreien (schreit, schrie, geschrien)	um Hilfe schreien
werfen A (wirft, warf, geworfen)	etwas *um*werfen
verständlich	Was man verstehen kann, ist verständlich.
der Schoß, ⸚e	bei einem auf dem Schoß sitzen

Fragen zu den Bildgeschichten

Bildgeschichte »Der Gute«

1. Wo stehen Vater und Sohn?
   Was macht der Sohn?
   Was macht der Vater?
   Wie wirft der Sohn die Steine ins Wasser?
   Wo liegen die Steine?
2. Was macht der Vater?
   Und was macht der Sohn?
   Wer wirft weiter?
3. Finden Vater und Sohn noch Steine?
   Wonach suchen Vater und Sohn?
4. Was versinkt im Meer?
   Wohin gehen Vater und Sohn?
   Wann gehen Vater und Sohn nach Hause?
5. Wo ist der Mond?
   Was macht der Vater in der Nacht?
   Wann bringt der Vater eine Schubkarre voll Steine?
   Wohin bringt der Vater die Steine?
   Wie ist die Arbeit?
6. Wohin gehen Vater und Sohn am nächsten Morgen?
   Was sieht der Sohn am Ufer?
   Ist der Vater auch glücklich?

Zusätzliche Fragen und Aufgaben zur Deutung der Bildgeschichte für fortgeschrittene Studenten

a. Welche Funktion erfüllt die untergehende Sonne in Bild 4?

b. Was ist notwendig zum Verständnis von Bild 3?

c. Welche Bilder benötigen ein anderes Bild zum Verständnis? Erläutern Sie die Gründe!

d. Welcher naturwissenschaftliche Irrtum ist E. O. Plauen unterlaufen? Nehmen Sie Stellung dazu!

e. Ein Bild unterscheidet sich formal ganz wesentlich von den übrigen. Geben Sie eine Erklärung dafür!

f. Erklären Sie den Titel der Bildgeschichte unter Beachtung der Wortbedeutung!

Bildgeschichte »Schade!«

1. Wo sind Vater und Sohn?
   Wann ist das?
   Was machen sie dort?
   Wo ist die Sonne?
   Wer taucht plötzlich auf?
2. Was tut der Sohn?
   Was macht der Vater?
   Wie lädt er sie ein?
   Sind Vater und Sohn froh über diesen Besuch?
3. Kommt das Mädchen ins Boot?
   Wird es traurig?
   Was zeigt sie dem Vater und dem Sohn?
   Worauf zeigt sie?
   Was ist das Mädchen also?
4. Was macht die Nixe?
   Was sieht man nur noch?
   Was machen Vater und Sohn?

Zusätzliche Fragen und Aufgaben zur Deutung der Bildgeschichte für fortgeschrittene Studenten

a. Durch welche zeichnerischen Mittel wird das plötzliche Erscheinen in Bild 1 erreicht?

b. Erzählen Sie die Geschichte! (Sie ist Ihnen gestern passiert, und Sie sind der Sohn.)

c. Wie kann der Titel »Schade!« in dieser Bildgeschichte verstanden werden?

Bildgeschichte »Jagdeifer und Reue«

1. Was machen Vater und Sohn?
   Wo steht der Sohn?
   Was sieht der Sohn?
   Wo sitzt der Hase?
   Was hat der Vater in der Hand?
   Wen winkt der Sohn zu sich?
2. Was tut der Vater?
   Was tut der Sohn?
3. Wohin gehen Vater und Sohn?
   Was sehen sie?
   Sind sie glücklich über ihren Erfolg?
4. Wie gehen Vater und Sohn nach Hause?
   Wer trägt den Hasen?
   Wie trägt er den Hasen?
   Nehmen sie den Hasen mit nach Hause?

Zusätzliche Fragen und Aufgaben zur Deutung der Bildgeschichte für fortgeschrittene Studenten

a. Finden Sie Gründe für die – im Gegensatz zu den übrigen Bildgeschichten — unterschiedliche Anordnung und Aneinanderreihung der einzelnen Bilder!

b. Könnte man das erste Bild weglassen, ohne daß sich die Geschichte veränderte?

c. Wodurch gelingt es E. O. Plauen, dem Betrachter der Bildgeschichte diesen Gefühlswandel nachvollziehbar oder zumindest plausibel zu machen?

Bildgeschichte »Das Geschenk«

1. Wo sitzt der Vater?
   Raucht er Pfeife?
   Wer kommt gelaufen?
   Was hat der Sohn in den Händen?
   Was für eine Figur ist das?
2. Was passiert? Was geschieht aber?
   Wer fällt hin?
   Was fällt auf den Boden?
   Was geschieht mit der Figur?
3. Was macht der Sohn jetzt?
   Und was macht der Vater?
   Was liegt auf dem Boden?
4. Wonach bückt sich der Vater?
   Was nimmt der Vater?
5. Was macht der Vater mit der Pfeife?
   Als was benutzt er den Speer?
6. Was macht der Vater danach?
   Weint der Sohn noch so sehr?
7. Brennt die Pfeife wieder?
   Worauf zeigt der Vater?
8. Ist der Sohn wieder froh?
   Was macht der Vater?

Zusätzliche Fragen und Aufgaben zur Deutung der Bildgeschichte für fortgeschrittene Studenten

a. Könnte man das Sprichwort: Not macht erfinderisch! auf diese Bildgeschichte anwenden?

b. Wodurch gelingt es dem Vater, den Sohn zu trösten?

c. Was wollte der Sohn dem Vater schenken, und was hat er ihm geschenkt? Worin besteht der Unterschied?

d. Wäre es gerechtfertigt, bei dieser Bildgeschichte von verschiedenen Verständnisebenen zu sprechen?

e. Welche Bedeutung hätte die positive Beantwortung von Frage d für Ihr Urteil über diese Geschichte?

Bildgeschichte »Erfolglose Anbiederung«

1. Wo sind Vater und Sohn?
   Was macht der Sohn?
   Wer apportiert den Spazierstock?
   Was macht der Vater?
2. Wie trägt der Hund den Stock?
   Wem gefällt das Spiel?
   Wer ist inzwischen noch hinzugekommen?
   Was hat der Mann in der Hand?
   Gefällt dem Mann das Spiel auch?
3. Was macht der Vater?
   Worauf zeigt der Mann?
4. Was macht der Mann jetzt?
   Wie wirft er den Stock ins Wasser?
   Was soll der Hund tun?
5. Was tun aber Vater, Sohn und Hund?
   Wie gehen Vater, Sohn und Hund davon?
   Wo ist der Spazierstock des Mannes?
6. Was muß der Mann jetzt tun?

Zusätzliche Fragen und Aufgaben zur Deutung der Bildgeschichte für fortgeschrittene Studenten

a. Was heißt Anbiederung?
b. Akzeptieren Sie das Verhalten von Vater, Sohn und Hund?
c. Welchen Fehler könnte der Mann gemacht haben, der diese Reaktion rechtfertigte?
d. Auf wessen Seite sind die Sympathien E. O. Plauens? Begründen Sie Ihre Ansicht!

Bildgeschichte »Der gelöschte Vater«

1. Kommt der Sohn von der Post?
   Was sieht der Sohn?
   Ist er sehr erschrocken?
   Was trägt der Sohn auf dem Rücken?
2. Was tut der Sohn?
   Was will er holen?
3. Wann ist er wieder da?
   Was trägt er?
   Womit kommt er zurück?
   Was macht er mit dem Wasser?
   Was will er machen?
4. Wer kommt ans Fenster?
   Ist der Vater trocken?
   Worauf zeigt er?
   Sieht der Vater freundlich aus?
   Hat der Sohn das Feuer gelöscht?

Zusätzliche Fragen und Aufgaben zur Deutung der Bildgeschichte für fortgeschrittene Studenten

a. Stört es Sie, daß das dargestellte Ereignis höchst unwahrscheinlich ist?
b. Verlangt die Pointe (Bild 4) die vorherige Übertreibung?
   Beurteilen Sie aufgrund dieser Frage die Bildgeschichte!
c. Erzählen Sie die Geschichte! (Sie sind der Vater, und Sie erzählen sie Ihrem Freund.)
d. Erzählen Sie die Geschichte! (Sie sind der Junge, und Sie erzählen sie Ihrem Freund.)

Bildgeschichte »Die Reißzwecke«

1. Wer kommt in das Schlafzimmer von Vater und Sohn?
   Wie kommt der Einbrecher ins Zimmer?
   Womit hat er die Tür geöffnet?
   Was hält er in der linken Hand?
   Was hat er vor den Mund gebunden?
   Hat er Schuhe an?
   Was hat er mit den Schuhen gemacht?
   Sind Vater und Sohn trotzdem wachgeworden?
2. Was tut der Vater?
   Was findet statt?
   Wo haben Vater und Sohn Schutz gesucht?
   Wo hat der Einbrecher Deckung genommen?
3. Was macht der Sohn während des Kampfes?
4. Müssen Vater und Sohn fliehen?
   Wer verfolgt sie?
5. Was passiert bei der Verfolgung?
6. Was macht der Einbrecher?
   Was läßt er fallen?
7. Was hält er fest?
   Wer eilt herbei?
8. Was macht der Vater mit dem Einbrecher?

Zusätzliche Fragen und Aufgaben zur Deutung der Bildgeschichte für fortgeschrittene Studenten

a. Versuchen Sie den Ausspruch: »Kleine Ursache — große Wirkung« auf diese Bildgeschichte anzuwenden.
b. Wie kommt es eigentlich, daß man trotz des heftigen Schußwechsels die Situation niemals wirklich ernst nimmt?
c. Was gefällt Ihnen — abgesehen von der Pointe (Reißzwecke) — eigentlich am besten auf diesen 8 Bildchen?

Bildgeschichte »Lehre von der Hilfsbereitschaft«

1. Wer geht spazieren?
   Was sehen Vater und Sohn?
   Ist die Karre schwer beladen?
   Worauf zeigt der Vater?
   Was ist auf der Karre?
   Was will der Vater tun?
2. Wo schieben sie?
3. Was tut der Mann?
   Wer merkt etwas?
   Wer wird mißtrauisch?
4. Was macht der Vater?
5. Was sieht der Vater?
   Was macht er da?
6. Was geschieht mit dem Mann?
   Gibt ihm der Vater noch eine Ohrfeige?
   Was macht der Sohn?

Zusätzliche Fragen und Aufgaben zur Deutung der Bildgeschichte für fortgeschrittene Studenten

a. Beschreiben Sie ganz genau, wie die Karre beladen ist!
b. Wie zieht der Mann den Wagen? Beschreiben Sie ganz genau seine Körperhaltung auf Bild 1!
c. Was ist der Grund für die Empörung des Vaters?
d. Wie würden Sie das Verhalten des Mannes bezeichnen?
e. In welchem Verhältnis erscheinen in dieser Bildgeschichte erzieherische Absicht und Lebenswirklichkeit?
f. Welche »Lehre« vermittelt die Bildgeschichte? Wie ist der Titel zu verstehen?

Bildgeschichte »Schach dem Vater«

1. Was machen Vater und Sohn?
   Worauf sitzt der Vater?
   Worauf sitzt der Sohn?
   Was für einen Zug hat der Vater wohl gemacht?
   Warum lehnt sich der Vater so zufrieden zurück?
   Was macht der Sohn?
2. Was für eine Figur setzt der Sohn?
   Was für eine Idee hat der Sohn wohl gehabt?
   Wie reagiert der Vater auf den Zug des Sohnes?
   Hat der Vater das erwartet?
3. Was hat sich jetzt geändert?
   Was hat der Sohn getan?
   Was macht der Vater?
4. Was macht der Sohn?
   Warum zeigt sich der Sohn so uninteressiert und gelangweilt?
   Hat der Vater das Problem gelöst?
5. Hat der Vater einen guten Zug gemacht?
   Wie sitzt der Vater auf dem Stuhl?
   Was tut der Sohn sofort?
6. Wer hat gewonnen?
   Wie reagiert der Vater auf die Niederlage?
   Warum legt der Vater den Sohn übers Knie?
   Ist der Vater ein guter Verlierer?

Zusätzliche Fragen und Aufgaben zur Deutung der Bildgeschichte für fortgeschrittene Studenten

a. Wie informiert uns E. O. Plauen über den Stand des Spiels?
b. Beschreiben Sie ausführlich Gesicht und Körperhaltung der beiden Personen in jedem Bild!
c. In welcher Beziehung (formal und inhaltlich) stehen Bild 1 und Bild 3?
d. Wie beurteilen Sie die Reaktion des Vaters?
e. Rechtfertigt die triumphierende Haltung des Sohnes die Reaktion des Vater? (Bild 1, 3 und 5)
f. Der Junge erzählt seinem Freund von seinem Sieg über den Vater!
g. Der Vater erzählt die Geschichte am nächsten Tag seiner Frau.

Bildgeschichte »Vater hat geholfen«

1. Wo sitzt der Sohn?
   Was macht er da?
   Was hält der Sohn in der Hand?
   Was steht auf dem Tisch?
   Sind die Hausaufgaben leicht?
   Woran sieht man, daß die Hausaufgaben nicht leicht sind?
   Was sieht der Vater?
2. Was macht der Vater?
   Was glaubt der Vater?
   Worüber ist der Sohn glücklich?
   Wo sitzt der Sohn?
3. Wo ist der Sohn?
   Was hält der Lehrer in der Hand?
   Was macht der Lehrer?
   Was merkt der Lehrer sofort?
4. Wer begleitet den Sohn nach Haus?
   Wann begleitet der Lehrer den Sohn nach Haus?
5. Wer steht vor der Haustür?
   Wer klingelt?
   Wer öffnet die Tür?
   Worüber ist der Vater erstaunt?
6. Was macht der Lehrer?
   Hat der Vater die Strafe verdient?
   Wofür bekommt der Vater die Strafe?
   Bestraft der Lehrer den Vater dafür, daß er etwas falsch gemacht hat, oder dafür, daß er dem Sohn geholfen hat?
   War es richtig, daß der Vater dem Sohn geholfen hat?

Zusätzliche Fragen und Aufgaben zur Deutung der Bildgeschichte für fortgeschrittene Studenten

a. Aus welchen Beweggründen hilft der Vater seinem Sohn?
b. Gegen welches Erziehungsprinzip verstößt der Vater?
c. Charakterisieren Sie den Lehrer! Um was für einen Menschen handelt es sich wohl?
d. Ist es eindeutig, ob der Vater dafür bestraft wird, daß er etwas falsch gemacht hat, oder dafür, daß er seinem Sohn geholfen hat?

e. Was bedeutet Ihre Stellungnahme zu Frage d. für den Wert der Bildgeschichte?

f. Worin besteht der Humor dieser Bildgeschichte?

g. Was verstehen Sie unter Humor?

Bildgeschichte »Zurück zur Natur«

1. Wo sind Vater und Sohn?
   Was machen sie?
   Womit fangen sie Fische?
   Haben sie viel Spaß daran?
   Wer fängt den Fisch?
   Was für einen Fisch fängt er?
   Was macht der Sohn?
   Wie sieht er ihm zu?

2. Was machen Vater und Sohn jetzt?
   Wie gehen sie nach Haus?
   In welcher Hand trägt der Vater das Netz?
   Was trägt er in der rechten Hand?
   Was macht der Sohn?

3. Was will der Vater tun?
   Wo steht der Vater?

   Wo liegt der Fisch?
   Was hat der Vater in der linken Hand?
   Was für ein Messer hat er in der linken Hand?
   Wer hält den Fisch fest?
   Mit welcher Hand hält der Vater den Fisch fest?
   Ist der Fisch schon tot?
   Warum weint der Sohn?

4. Wohin bringen Vater und Sohn den Fisch?

5. Was macht der Vater mit dem Fisch?
   Wer freut sich?

6. Was geschieht aber?
   Was sehen Vater und Sohn?
   Hatten die beiden das erwartet?
   Woran hatten sie nicht gedacht?
   Warum heißt die Geschichte: Zurück zur Natur?

Zusätzliche Fragen und Aufgaben zur Deutung der Bildgeschichte für fortgeschrittene Studenten

a. Warum weint der Junge? Zählen Sie mögliche Ursachen auf!

b. Welcher Irrtum unterläuft Vater und Sohn, als sie den Fisch wieder aussetzen?

c. Welche beiden Naturvorstellungen werden in dieser Bildgeschichte konfrontiert?

d. Woher stammt der Ausdruck »Zurück zur Natur«, und was soll das »Zurück« hier wohl ausdrücken?

e. Ist Angeln ein Sport?

Bildgeschichte »Mißglückte Herausforderung«

1. Wo sitzt der Vater, und was tut er?
   Wo sitzt der Sohn?
   Was tut der Sohn?
   Was sieht der Vater?
2. Wohin stellt sich der Sohn?
   Wie stellt er sich neben den Sessel?
   Worauf reagiert der Vater nicht?
   Was macht er?
   Hat der Sohn also Erfolg?
3. Wohin stellt sich der Sohn jetzt?
   Wie steht er da?
   Was macht der Vater?
   Reagiert der Vater denn jetzt?
4. Wohin stellt sich der Sohn jetzt?
   Reagiert der Vater denn jetzt endlich auf die Herausforderung?
5. Wie bekommt dem Sohn das Rauchen?
   Wird ihm schlecht?
   Was tut der Sohn?
   Was tut der Vater hinter seiner Zeitung?
   Warum lächelt er?
6. Wohin legt der Sohn die brennende Pfeife?
   Wohin läuft er?
   Was tut der Vater?
   Warum heißt die Geschichte: Mißglückte Herausforderung?

Zusätzliche Fragen und Aufgaben zur Deutung der Bildgeschichte für fortgeschrittene Studenten

a. »Wer den Schaden hat, braucht für den Spott nicht zu sorgen«. Paßt dieses Sprichwort auf die Bildgeschichte?

b. »Durch Schaden wird man klug«. Paßt das Sprichwort auf diese Bildgeschichte?

c. Was versteht man unter Schadenfreude?

d. Welchem Erziehungsgrundsatz folgt der Vater?

e. Der Vater erzählt die Geschichte!

Bildgeschichte »Die gute Gelegenheit«

1. Wessen Haus brennt?
   Schlagen die Flammen schon aus dem Fenster?
   Was versuchen Vater und Sohn?
   Was bringt der Vater in Sicherheit?
   Was rettet der Sohn?
   Woran denkt jeder zuerst?
2. Wohin eilt der Vater zurück?
   Was tut der Sohn in der Zwischenzeit?
3. Was trägt der Vater auf der Schulter?
   Was hat er unter dem Arm?
   Was wirft der Sohn ins Feuer?
   Was sieht der Vater?
   Warum wirft der Sohn wohl die Hefte ins Feuer?

Zusätzliche Fragen und Aufgaben zur Deutung der Bildgeschichte für fortgeschrittene Studenten

a. Beschreiben Sie zuerst einmal ganz exakt, was auf jedem Bild zu sehen ist.

b. Dann machen Sie bitte aus den drei Bildern eine zusammenhängende Geschichte.

c. Vergleichen Sie Ihre Beschreibung mit Ihrer Erzählung und stellen Sie die hauptsächlichen formalen Unterschiede fest!

d. Wodurch hat E. O. Plauen es erreicht, daß man die drei Bilder als eine Geschichte auffaßt?

e. Warum genügen gerade diese drei Bilder schon zum Verständnis?

f. Welche Lebenserfahrung bildet den Hintergrund oder Ausgangspunkt dieser Geschichte?

g. Ist dieser Erfahrungshintergrund notwendig zum Verständnis der Bildgeschichte?

h. Worauf deutet der Gesichtsausdruck des Sohnes im ersten Bild vielleicht schon hin?

i. Wodurch gelingt es E. O. Plauen, das herzliche Verhältnis zwischen Vater und Sohn zu verdeutlichen?

Bildgeschichte »Schmerzhafte Selbstkritik«

1. Wo sitzt der Vater, und was tut er?
   Was steht auf dem Tisch?
   Womit möchte der Sohn spielen?
   Wie sagt der Vater »nein«?
2. Fängt der Sohn an zu weinen?
   Wie weint der Sohn?
   Warum fängt der Sohn an zu weinen?
   Gibt ihm der Vater die Lokomotive?
   Ist der Vater noch so streng wie vorher?
3. Hört der Sohn auf zu weinen?
   Wie klingt die Stimme des Vaters jetzt?
   Wofür ist das ein Zeichen?
4. Was tut der Vater schließlich?
   Will der Vater seine Ruhe haben?
   Will der Vater in Ruhe seine Zeitung lesen?
   Warum bekommt der Sohn schließlich seinen Willen?
5. Wie besieht sich der Vater im Spiegel?
   Ist der Vater mit sich zufrieden?
6. Was tut der Vater?
   Warum bestraft sich der Vater selbst?

Zusätzliche Fragen und Aufgaben zur Deutung der Bildgeschichte für fortgeschrittene Studenten

a. Welche Folgen dürfte das Nachgeben des Vaters haben?

b. Suchen Sie eine passende Überschrift für die ersten vier Bilder!

c. Welcher Widerspruch zeigt sich, wenn man das Verhalten des Vaters in den ersten vier Bildern mit seinem späteren Verhalten vergleicht?

d. Wie erklären Sie diesen Widerspruch?

Bildgeschichte »Im Krieg sind alle Mittel erlaubt«

1. Was spielen Vater und Sohn?
   Wo spielen sie?
   Wie viele Schiffe und Kanonen hat jeder?
   Wer schießt gerade?
   Womit schießt der Sohn?
   Was versucht der Sohn?
   Trifft der Sohn ein Schiff?
   Gelingt es dem Sohn, ein Schiff des Vaters zu versenken?
   Woran sieht man, daß die beiden ganz bei der Sache sind?
2. Wer schießt jetzt?
   Trifft er?
3. Was macht der Vater?
   Womit drückt der Vater das Schiff ganz unter Wasser?
4. Wer schießt ein zweites Mal?
   Trifft er auch das zweite Schiff?
   Wer hat wen besiegt?
   Was macht der Sohn?
5. Was macht der Vater auch jetzt wieder?
   Was tut der Sohn in diesem Augenblick?
6. Was tut der Vater?
   Wie verläßt er den Kampfplatz?
   Was macht der Sohn jetzt?
   Welche Mittel sind im Krieg erlaubt?

Zusätzliche Aufgaben und Fragen zur Deutung der Bildgeschichte für fortgeschrittene Studenten

a. Wodurch provoziert der Vater den Sohn wahrscheinlich besonders?

b. Was fällt Ihnen auf, wenn Sie einmal bedenken, daß es sich hier doch nur um ein Spiel handelt?

c. Glauben Sie, daß die Thematik eines Spiels Einfluß darauf hat, wie man es spielt?

d. Welche Folgerungen ziehen Sie darauf?

e. Sind im Krieg alle Mittel erlaubt?

Bildgeschichte »Der Schmöker«

1. Was ist fertig?
   Was steht auf dem Tisch?
   Wie steht das Essen auf dem Tisch?
   Wer ist noch nicht da?
   Auf wen warten Vater und Mutter?
   Was fragt der Vater wohl?
   Worauf zeigt die Mutter?
   Weiß die Mutter, wo der Sohn ist?
2. Wohin geht der Vater?
   Warum geht er in das Zimmer des Sohnes?
   Was sieht er dort?
   Ist das Buch spannend?
   Warum ist der Sohn so im Lesen vertieft?
3. Wohin schickt der Vater den Sohn?
   Warum bückt sich der Vater?
4. Wer sitzt nun am Tisch?
   Auf wen müssen Mutter und Sohn jetzt warten?
   Aber wer kommt nicht zurück?
5. Was tut die Mutter jetzt?
   Ist das Essen noch warm?
6. Wo findet der Sohn den Vater?
   Was macht der Vater im Zimmer des Sohnes?

Zusätzliche Fragen und Aufgaben zur Deutung der Bildgeschichte für fortgeschrittene Studenten

a. Durch welches zeichnerische Mittel wird uns der Zeitablauf besonders deutlich gemacht?

b. Warum verschiebt sich die Wand auf den Bildern 2, 3 und 6 nach links?

c. Welche Stationen des Geschehensablaufs hat der Zeichner gewählt?

d. Was fällt Ihnen auf, wenn Sie bei der Betrachtung jedes einzelnen Bildes einmal berücksichtigen, daß es sich um eine dreiköpfige Familie handelt?

e. Zeigt sich bei der Auswahl der Bilder ein bestimmtes Prinzip?

f. Inwiefern ist der Titel der Bildgeschichte gerechtfertigt?

Bildgeschichte »Vorgetäuschte Kraft«

1. Was macht der Vater?
   Was hat er vorher tun müssen?
   Womit hält er den Baum fest?
   Was hält er in der rechten Hand?
   Wo hält er den Spaten?
2. Was macht der Vater, nachdem er den Baum gepflanzt hat?
   Was nimmt er mit?
3. Was sieht er, als er aus dem Haus zurückkommt?
   Warum kommt der Sohn so schnell auf das Haus zugelaufen?
   Von wem wird der Sohn verfolgt?
   Wie sieht der Mann aus?
4. Wo versteckt sich der Sohn, bevor der Mann ihn hat erreichen können?
   An welchem Baum steht der Vater?
   Was macht der Mann?
5. Hat der Vater Angst?
   Was macht er?
   Warum ist der Mann so entsetzt?
   Kann der Mann wissen, daß der Vater den Baum erst kurz vorher gepflanzt hat?
6. Wer nimmt jetzt reißaus?
   Versteckt sich der Sohn immer noch hinter seinem Vater?

Zusätzliche Fragen und Aufgaben zur Deutung der Bildgeschichte für fortgeschrittene Studenten

a. Versuchen Sie aufgrund des Bildmaterials den Mann zu charakterisieren!
b. Versuchen Sie aufgrund des Bildmaterials, den Vater zu charakterisieren!
c. Welche Funktionen erfüllen Bild 1 und 2?
d. Der Sohn erzählt die Geschichte!

Bildgeschichte »Ordnung muß sein«

1. Was hat der Sohn getan?
   Hat der Sohn das Tintenfaß mit Absicht umgeworfen?
   Warum saust er sofort wie der Blitz los?
   Warum läuft der Vater hinter ihm her?
2. Holt ihn der Vater ein?
   Was tut der Vater, als er den Sohn eingeholt hat?
3. Was sieht der Vater aber, als er seinem Sohn den Hosenboden stramm zieht?
   Ist er erfreut über den Riß in der Hose?
4. Bestraft er den Sohn?
   Was befiehlt er dem Sohn?
   Was geht er holen?
5. Was versucht der Vater?
   Gelingt es ihm, den Faden einzufädeln?
6. Was muß der Sohn jetzt tun?
   Was tut der Vater?
7. Was tut der Vater dann?
   Womit schneidet er den Faden ab?
8. Bekommt der Sohn jetzt seine Strafe?
   Wofür bestraft der Vater den Sohn?
   Warum heißt die Geschichte: Ordnung muß sein?

Zusätzliche Fragen und Aufgaben zur Deutung der Bildgeschichte für fortgeschrittene Studenten

a. Erzählen Sie die Geschichte!
b. Handelt es sich hier um eine geradlinige Erzählführung?
c. Welche erzählerische Funktion übernimmt Bild 3?
d. Wie könnte man die erzählerische Bedeutung von Bild 4 bis 7 beschreiben?
e. Wie beurteilen Sie den erzählerischen Wert von Bild 1, 2 und 8 ohne die übrigen Bilder?
f. Was ist das Erzählenswerte an dieser Bildgeschichte?
g. Welche sprachlichen Mittel haben Sie eingesetzt, um der optischen Vorlage gerecht zu werden? Wo hatten Sie die größten Schwierigkeiten? Welche Hilfe bietet Ihnen E. O. Plauen?

Bildgeschichte »Der verlorene Sohn«

1. Was ist geschehen?
   Wo hat der Sohn Fußball gespielt?
   Warum rennt der Vater hinter ihm her?
   Wofür will er ihn bestrafen?
   Was hat der Sohn aber sofort gemacht?
   Läßt er sich fangen?

2. Was macht der Vater danach?
   Warum setzt er sich aufs Sofa?
   Warum liest er aber nicht?
   Wieviel Uhr ist es schon?

3. Was geschieht, als der Sohn nach einigen Stunden immer noch nicht zurückgekehrt ist?
   Um wieviel Uhr ist der Sohn immer noch nicht zurückgekehrt?
   Was fürchtet der Vater vielleicht?

4. Was macht der Vater schließlich?
   Wie läuft er durch die Straßen?
   Nach wem ruft er?
   Fürchtet er, daß seinem Sohn etwas zugestoßen sein könnte?

5. Wie kehrt der Vater nach Haus zurück?
   Was geschieht, als der Vater völlig niedergeschlagen nach Haus zurückkehrt?
   Was hat der Sohn also in der Zwischenzeit gemacht?

6. Warum kommt der Sohn aus dem Haus?
   Weiß der Sohn, was ihm geschieht, als ihn der Vater voller Freude an sein Herz drückt, obwohl er auch die zweite Fensterscheibe zerbrochen hat?
   Warum drückt der Vater ihn jetzt an sein Herz?

Zusätzliche Fragen und Aufgaben zur Deutung der Bildgeschichte für fortgeschrittene Studenten

a. Woher stammt der Ausdruck: Der verlorene Sohn?
   Lesen Sie das Gleichnis!

b. Was berechtigt E. O. Plauen zur Verwendung dieses Titels?

c. Inwiefern kann man das Sprichwort: »Umstände verändern die Sache« auf diese Bildgeschichte anwenden?

d. »Die Menschen sind den Umständen und nicht die Umstände den Menschen untertan.« (Herodot.) Zeigen Sie das anhand der Bildgeschichte!

Bildgeschichte »Der unheimliche Nachbar«

1. Wo sitzt der Vater, und was tut er?
   Wer kommt?
   Wonach fragt der Mann?
2. Was hat sich der Mann bestellt?
   Was tut der Mann?
3. Was sieht der Mann plötzlich?
   Wie reagiert er?
4. Was geschieht danach?
   Ist der Mann jetzt wieder beruhigt?
   Was wird ihm immer unheimlicher?
   Warum hält sich der Mann so am Tisch fest?
5. Wie reagiert er, als der Bart zum zweiten Mal dichter wird?
6. Wie reagiert der Mann, als er plötzlich zwei Köpfe gewahr wird?
   Ist seine Reaktion verständlich?
   Wer sitzt auf dem Schoß des Vaters?
   Verstehen Vater und Sohn, warum der Mann so entsetzlich um Hilfe schreit?

Zusätzliche Fragen und Aufgaben zur Deutung der Bildgeschichte für fortgeschrittene Studenten

a. Beschreiben Sie von Bild zu Bild die jeweilige Reaktion des Gastes so genau wie möglich.
b. Worin besteht die Komik dieser Bildgeschichte?
c. Wie verhält sich der Mensch dem Unerklärlichen gegenüber?